Inhaltsverzeichnis

Vorwort

Liebe Kolleginnen und Kollegen,

die Naturwissenschaften können spannend sein, nicht nur für ältere Schüler und Erwachsene, sondern auch – oder gerade – für kleine Kinder, die noch nicht alle Einzelheiten und Zusammenhänge verstehen. Alle Kinder beobachten gern, sind neugierig und begeistert, wenn etwas Überraschendes passiert und sie selbst bei Versuchen mitmachen oder einiges ausprobieren können. Jüngere und ältere Kinder können sich daher mit viel Motivation und Tatendrang bei diesen Experimenten einbringen. Selbst Kinder, die noch nicht oder kaum sprechen können, haben die Möglichkeit mitzumachen. Erfahrungsgemäß sind sie in dieser Atmosphäre sehr motiviert und aufnahmebereit. Das vorliegende Heft eignet sich daher auch hervorragend für Kinder mit Migrationshintergrund, die vielleicht bisher nur wenig Deutsch sprechen. Um Kindergarten-Kinder in ihrer Sprachentwicklung zu fördern, werden im vorliegenden Heft einige Experimente mit Reimen und Liedern ergänzt. Die neuen Wörter der Experimente werden darin aufgegriffen und zusätzlich mit Bewegungen zu den Liedern oder Reimen gefestigt, damit das Lernen „spielend leicht" wird.

Die Kapitel in diesem Heft werden in Einheiten unterteilt. Diese stellen bestimmte Gegenstände aus dem Alltag der Kinder in den Mittelpunkt. Hier sind es Lebensmittel wie die Zitrone, das Ei und einige Gemüsesorten. Da jedes Kind diese Lebensmittel kennen sollte, können die Kinder ihr vorhandenes Wissen einbringen.

Damit sich möglichst viele Erklärungen und Phänomene, zum Beispiel „Warme Luft dehnt sich aus und kalte Luft zieht sich zusammen." bei den Kindern festigen, werden diese in unterschiedlichen Zusammenhängen wiederholt. Durch die Reime und Lieder werden die Inhalte ebenfalls gefestigt.

Jede Einheit beginnt mit dem „Lied für kleine Forscher". Bevor eine neue Einheit anfängt, wird noch einmal gemeinsam wiederholt, um welche Experimente es in der vorausgegangenen Einheit ging und welche Beobachtungen die Kinder gemacht haben.
Anschließend wird in der Gruppe zusammengetragen, was die Kinder im Zusammenhang mit diesem neuen Thema bereits wissen. An dieser Stelle können die Kinder noch vorhandene Fragen stellen.

Probieren Sie es aus! Sie werden sehen, die Begeisterung der kleinen Forscher wirkt ansteckend. Den Kindern und Ihnen werden immer wieder neue Ideen einfallen, die Sie alle zum Staunen, zum Erkennen, zum Mitmachen und zum Fragen bringen werden.

Ihre
Ursula Oppolzer

Rückmeldung
Gern lese ich Ihre Meinung zum Heft
„Warum schwimmt eine Zitrone?
Experimente für Kita-Kinder":
ursulaoppolzer@gmx.de

Hinweis: Aus Gründen der besseren Lesbarkeit wird im Folgenden auf eine sprachliche Differenzierung der weiblichen und männlichen Bezeichnungen verzichtet. Da die Erzieher in Kindertageseinrichtungen zumeist weiblich sind, haben wir uns hier für die weibliche Form entschieden. Selbstverständlich sind stets alle Geschlechter angesprochen.

Vorbemerkungen und Arbeitshinweise (1)

Symbole der Einheiten

Zitronenspaß	**Zitronensaft – ein Superheld**	**Ei, Ei, Eierlei**	**Warum schwimmt das Ei?**	**Ach du dickes Ei**	**Gemüseallerlei**

Weitere Symbole

Kinderarbeitsblatt:  **Wartezeit:** 

Ideen für die Wartezeit / zur Vertiefung des Lerninhaltes
Experimente, bei denen eine Wartezeit nötig ist, sind mit dem Symbol ⌛ gekennzeichnet. Bei einer kürzeren Wartezeit können Sie diese durch aufgeführte Spiele, Reime oder Lieder überbrücken. Diese finden Sie bei den entsprechenden Experimenten unter „Ideen zur Vertiefung des Lerninhaltes". Mit diesen Ideen können Sie die Themen außerdem mit den Kindern vertiefen, Inhalte spielerisch wiederholen und den Wortschatz erweitern sowie festigen.

Wissenswertes zum Experimentieren
Diese einfachen Experimente mit Gegenständen aus dem Alltag sind leicht umzusetzen. Fast täglich – oft ganz automatisch und ohne es zu bemerken – beobachten Sie mit den Kindern Phänomene aus Alltag und „Wissenschaft", beantworten ihre „Warum-Fragen", ergründen mit ihnen Zusammenhänge und machen mit den Kindern kleine Experimente. Die Kinder und Sie werden sicher sehr viel Spaß bei der Umsetzung der folgenden Versuche haben. Hier vorab noch ein paar Tipps, die dieses Projekt mit Freude gelingen lassen:

Bevor Sie das erste Mal ein Experiment mit den Kindern machen, probieren Sie es selbst aus, damit es mit den Kindern wirklich klappt und diese den Erfolg sehen. Machen Sie ihnen aber auch klar, dass bei einem Forscher auch immer mal etwas schiefgehen kann.

Damit deutlich wird, dass diese „Experimentierstunde" etwas ganz Besonderes ist, lassen Sie die Kinder weiße Kittel, Hemden oder Schürzen anziehen (ggf. auch Schutz- oder Taucherbrillen bereitlegen). So fühlen sie sich wie kleine Forscher. Ziehen auch Sie einen weißen Kittel an oder ein Kleidungsstück, das Sie nur während der Experimente tragen.
Wählen Sie einen Raum, in dem ein Wasserhahn zur Verfügung steht. Wenn möglich, sollte die Küche bzw. ein Herd nicht weit sein.
Stellen Sie jeweils alle Materialien, die für das entsprechende Experiment gebraucht werden, auf einen Tisch und decken Sie diesen mit einem Tuch ab.
Klären Sie zu Beginn die Namen und die Bedeutung der vorbereiteten Utensilien für die Experimente.

Beginnen Sie jede Einheit mit dem „Lied für kleine Forscher" (s. S. 5) und den Fragen für den Einstieg.
Eine Experimentiereinheit sollte höchstens 20 – 30 Minuten dauern. Machen Sie dabei 3 bis maximal 5 Experimente hintereinander – je nachdem, wie umfangreich die Experimente sind.
Die Forscher-Gruppe sollte nicht größer sein als maximal 8 Kinder (5 – 6 Kinder sind optimal).

Vorbemerkungen und Arbeitshinweise (2)

Falls Sie die Experimente im Rahmen einer Art „AG" machen möchten, sollten sich die Kinder bewusst für diese Forscher-Gruppe entscheiden, damit sie regelmäßig teilnehmen. Beginnen Sie daher mit einer Schnupperstunde.
Nach Abschluss des Projekts erhält jedes Kind eine „Forscher-Urkunde" (s. S. 40).

Bei Experimenten mit Zitronen, Zitronensaft oder Essig lassen Sie die Kinder am besten Schutzbrillen tragen, damit nichts in ihre Augen spritzen kann.
Erklären Sie möglichst wenig oder sehr einfach, um die Begeisterung für das Tun und das Beobachten zu stärken. Fragen der Kinder sollten Sie natürlich immer beantworten.

Je älter die Kinder sind, desto mehr können sie beim Experimentieren helfen oder sogar Experimente allein oder zu zweit durchführen. Natürlich können manche Experimente auch schon Dreijährigen gezeigt werden, aber die Kleinen wollen Dinge sehen, bei denen sich sehr schnell und sehr deutlich etwas verändert. Die meisten Experimente sind deshalb eher erst ab 4 Jahren geeignet.

Wenn Sie einmal pro Woche experimentieren, so sollte das letzte Experiment einer Einheit möglichst ein Experiment mit Wartezeit bis zum nächsten Mal sein, damit die Spannung erhalten bleibt.
Für Experimente mit langer Wartezeit (Stunden, Tage) sollte ein Karton oder ein Kasten bereitstehen und ein schwarzes Tuch zum Abdecken bereitliegen. Das macht alles noch interessanter.

Führen Sie für sich ein Experimentiertagebuch, in dem Sie aufschreiben, welche Experimente Sie mit welcher Gruppe gemacht haben, wie alt die Kinder waren und auf welche Erfahrungen Sie in dieser Gruppe zurückgreifen konnten.

Wenn Sie mögen, lassen Sie auch jedes Kind ein Forschertagebuch führen, in dem es Bilder zu den einzelnen Experimenten malt.
Halten Sie die Experimente durch Fotos fest und/oder machen Sie ab und zu ein Video. Am Sommerfest oder an einem besonderen „Science-Tag" können die Fotos ausgestellt, die Videos gezeigt und einige Experimente vorgeführt werden.
Aus datenschutzrechtlichen Gründen sollten Sie jedoch vorher abklären, ob die Eltern im Kindergarten bereits eine Einverständniserklärung zur „Veröffentlichung" der Fotos/Videos ihrer Kinder unterschrieben haben. Holen Sie dies ansonsten unbedingt vor der Ausstellung nach.

Achtung: Bitte achten Sie bei allen Angeboten, bei denen die Kinder Lebensmittel probieren dürfen, auf Allergien oder Unverträglichkeiten.
Versuchen Sie, die Lebensmittel sinnvoll zu verwenden und nicht unnötig wegzuwerfen.

Zu „Arbeitsblatt zur Wiederholung des Inhalts" (S. 21 und S. 39):

Diese Arbeitsblätter können für die Kinder farbig oder in Schwarz-Weiß kopiert werden. Farbkopien bieten sich hier natürlich an, weil die Kinder so direkt erkennen können, welches Wasser sich violett, rot oder blau verfärbt hat. Bei Schwarz-Weiß-Kopien müssen die Kinder eher den Rückschluss der Farbe anhand der Utensilien auf dem Bild ziehen. Für ältere Kinder sollte dies aber kein Problem sein.
Wenn Sie bereits lesestarke Kinder in der Gruppe haben, können diese auch versuchen, die Sätze selbst zu lesen und zuzuordnen.

Lied für kleine Forscher

ab 2 Jahren

G
1. Ich bin ein klei - ner
Wir sind die klei - nen

2 |1. D7 G
For - scher und for - sche stun - den - lang.
For - scher und for - schen stun - den - lang.

4
Ich kann gut schau - en
Wir kön - nen schau - en

6 |1. D7 G
und weiß dann al - ler - hand.
und wis - sen al - ler - hand.

Melodie: Wir sind die Musikanten und komm'n aus Schwabenland
Text: Ursula Oppolzer

2. Ich bin ein kleiner Forscher und forsche stundenlang.
Wir sind die kleinen Forscher und forschen stundenlang.
Ich kann es machen und bin dann ganz gespannt.
Wir können's machen und sind dann ganz gespannt.

I. Einheit: Zitronenspaß

Durch die hier angeführten Experimente, einen lustigen Reim und ein spannendes Spiel erfahren die Kinder, dass Zitronen eine Art „Rettungsring" besitzen, durch den sie schwimmen können. Die Kinder erfahren auch, wie U-Boote aus einer Zitronenschale tauchen können, dass alle Zitronen unterschiedlich sind und Zitronensaft Münzen zum Glänzen bringen kann. Hierbei soll die Wahrnehmung für Details gefördert und die Aufmerksamkeitsfähigkeit gestärkt werden. Die Kinder sollen die Experimente konzentriert durchführen, genau zuschauen und dabei Veränderungen feststellen sowie Zusammenhänge erkennen.

Experimente in dieser Einheit:

Schwimmende Zitrone
Zitronen-U-Boot
Münzen im Zitronensaft

Einstieg in die Einheit:

Lied für kleine Forscher (s. S. 5)

Mögliche Fragen an die Kinder:

- Wie sieht eine Zitrone aus?
- Wie schmeckt eine Zitrone?
- Sehen alle Zitronen gleich aus?
- Wir machen gleich ein Zitronen-U-Boot-Experiment. Was ist ein U-Boot?

Vorbereitung: Zitronen probieren

Material:

für je 4 Kinder 1 Zitrone, 1 Küchenmesser, für je 2 Kinder 1 kleiner Teller, 1 Trichter, 1 verschließbare Flasche

Arbeitsanleitung:

1. Jeweils zwei Kinder erhalten einen Teller.
2. Die Zitronen werden in Stücke geschnitten und an die Kinder verteilt.
3. Dann werden sie aufgefordert: „Riecht doch mal an der Zitrone. Leckt an ihr. Beschreibt, wie sie schmeckt."
4. Wenn die Kinder die Zitronenstücke probiert haben, wird der Saft auf den Tellern ausgedrückt. Der Saft wird dann mit einem Trichter in eine verschließbare Flasche gegossen, damit der Saft später verwendet werden kann.

1. Experiment: Schwimmende Zitrone (1)

ab 3 Jahren

Material:
1 große Schüssel Wasser, 4 Zitronen mit dicker und 1 Zitrone mit dünner Schale, kleine Teller, 1 Spielzeugmännchen, 1 Küchenmesser, evtl. 1 Schwimmreifen

Experimentieranleitung:

1. Die Schüssel mit Wasser füllen.
2. Zeigen Sie den Kindern eine Zitrone mit möglichst dicker Schale und fragen: „Was denkt ihr, kann eine Zitrone schwimmen?"
3. Dann die Zitrone in das Wasser hineinlegen. Die Kinder werden feststellen: Die Zitrone schwimmt.
4. Von einer weiteren Zitrone mit dicker Schale wird die gelbe Schale mit der weißen Schicht so entfernt, dass ein Schalenring entsteht. Fragen Sie die Kinder: „Wird diese Zitrone auch schwimmen?"
5. Die geschälte Zitrone wird nun ebenfalls in das Wasser gelegt. Die Kinder werden feststellen, dass die Zitrone ohne Schale nicht schwimmen kann!
6. Die nächste Zitrone mit dicker Schale wird halbiert, eine Scheibe abgeschnitten und das Innere herausgeschnitten, sodass nur der Ring bleibt. Nun wird ein Spielzeugmännchen mit dem „Schwimmreifen", also dem Ring, ins Wasser gelegt.
7. Die Kinder werden sehen, dass das Männchen mit dem Schalenring genau wie die ungeschälte Zitrone schwimmt. Fragen Sie die Kinder nun: „Warum konnte die erste Zitrone schwimmen und die zweite Zitrone kann es nicht? Welchen Zusammenhang gibt es zu dem Spielzeugmännchen?"
8. Schneiden Sie jetzt zwei Zitronen mit unterschiedlich dicker Schale durch und zeigen Sie den Kindern die beiden Hälften. Fragen Sie die Kinder, was der Unterschied zwischen diesen Zitronen ist. Die Kinder sollen feststellen, dass die Zitronen unterschiedlich groß sind und verschieden dicke Schalen haben.
9. Lassen Sie die Kinder Vermutungen aufstellen, welche Auswirkungen die Schalendicke demnach auf die Fähigkeit der Zitrone im Wasser hat und welche der beiden Zitronen also besser schwimmen kann. Antwort: Die Zitrone mit der dickeren Schale kann besser schwimmen.
10. Überprüfen Sie mit den Kindern ihre Vermutungen. Legen Sie die aufgeschnittenen Zitronen in das Wasser. Die Kinder können jetzt beobachten, wie die Zitrone mit der dünnen Schale etwas tiefer einsinkt und die andere besser schwimmen kann.

Zur Erklärung:
Zitronen haben eine Art „Schwimmring", ähnlich wie bei Schwimmreifen. In der weißen Schicht der Schale sind viele einzelne Luftblasen enthalten, durch die die Zitrone über Wasser gehalten wird. Je dicker also die Schale der Zitrone ist, desto mehr Luftblasen befinden sich in ihr.
Wenn möglich, zeigen Sie den Kindern einen Schwimmreifen.

1. Experiment: Schwimmende Zitrone (2)

Ideen zur Vertiefung des Lerninhaltes

- **Reim: Saure Zitronen**

  Zitronen, die sind sauer
  und verziehen das Gesicht.
  Zitronen, die sind sauer
  und sie umarmen sich.

  Zitronen, die sind sauer
  und schwimmen können sie auch.
  Zitronen, die sind sauer
  und rollen auf den Bauch.

  Zitronen, die sind sauer
  und schwimmen mit der Schale.
  Zitronen, die sind sauer
  und schwimmen wie die Wale.

Bewegung zum Reim:
Die Kinder stellen sich vor, eine Zitrone zu sein. Sie trippeln im Kreis herum und verziehen das Gesicht. Dann umarmen sich je zwei „Zitronen" und rollen auf dem Boden hin und her oder drehen sich im Kreis mit hervorgestrecktem Bauch. Die Kinder machen Schwimmbewegungen abwechselnd im Stehen und in der Hocke.

2. Experiment: Zitronen-U-Boot (1)

ab 2 Jahren

Material:
1 dicke Zitrone, 1 Messer, 1 durchsichtige Glasflasche, Wasser, 1 Korken oder 1 Gummikappe für Flaschen

Experimentieranleitung:
1. Die Erzieherin schält die Zitrone so, dass ein Schalenring entsteht.
2. Dann schneidet sie aus dem Zitronenschalenring ein kleines Stück der Schale ab und steckt es in eine durchsichtige Glasflasche. Das Stück Schale dient als U-Boot.
3. Die Glasflasche wird bis zum Rand mit Wasser gefüllt und mit einem Korken oder einer Gummikappe verschlossen. Es sollte keine Luft mehr in der Flasche sein.
4. Jetzt drückt die Erzieherin auf den Korken bzw. die Gummikappe und hält den Finger auf den Verschluss. Die Kinder können beobachten, wie das Zitronen-U-Boot plötzlich abtaucht. Es steigen kleine Bläschen aus dem Zitronen-U-Boot auf.
5. Die Erzieherin entfernt nun ihren Finger wieder. Die Kinder werden dann sehen, dass das U-Boot wieder nach oben kommt.

Zur Erklärung:
Die weiße Schicht der Zitronenschale enthält viele kleine Luftblasen. Durch den Druck auf den Korken oder die Gummikappe drückt das Wasser gegen die Zitrone. Die Luft wird somit aus der Schale herausgedrückt. Das sind die Luftbläschen, die dort aufsteigen. Dadurch kann das U-Boot nicht mehr so gut schwimmen und sinkt. Wenn der Korken oder die Gummikappe losgelassen wird, lässt der Druck durch das Wasser wieder nach und das U-Boot kann wieder aufsteigen.
Fische machen es ganz ähnlich. Sie haben eine Schwimmblase, die so viel mit Luft gefüllt ist, dass die Fische schwimmen können. Wollen die Fische tiefer schwimmen, drücken sie Luft hinaus.

2. Experiment: Zitronen-U-Boot (2)

ab 2 Jahren

Ideen zur Vertiefung des Lerninhaltes

- **Spiel: Zitronensuche**

Material:
für jedes Kind 1 Zitrone, 1 undurchsichtiges Tuch (ca. 50 x 50 cm oder größer), Filzstifte in mehreren Farben, 1 Eieruhr, gelbe Knöpfe o. Ä.

Spielanleitung:
Die Erzieherin gibt jedem Kind eine Zitrone.
Die Kinder schauen sich ihre Zitronen sehr genau an, betasten sie mit geschlossenen Augen, nehmen die Form und die Struktur wahr und malen dann mit einem Filzstift ein Zeichen oder einen Buchstaben darauf.
Das Tuch wird ausgebreitet und die Kinder legen ihre Zitronen darunter.
Die Erzieherin verschiebt dann die Zitronen etwas, damit es nicht zu leicht für die Spieler wird, die jeweils eigene Zitrone zu finden.
Die Eieruhr wird auf eine Minute gestellt und das erste Kind beginnt mit der Suche nach seiner Zitrone. Wenn das Kind die Zitrone findet, erhält es einen gelben Knopf o. Ä. Dann wird die Zitrone wieder unter das Tuch gelegt, bevor das nächste Kind versucht, seine eigene Zitrone zu finden.

3. Experiment: Münzen im Zitronensaft

ab 4 Jahren

Material:

1 durchsichtige, flache Schüssel, dunkle Kupfermünzen (Ein-, Zwei- oder Fünf-Cent-Stücke), Zitronensaft, 1 Tuch, 1 Karton

Experimentieranleitung:

1. Die Erzieherin verteilt möglichst dunkle Cent-Stücke an die Kinder.
2. Der Zitronensaft wird in die Schüssel geschüttet.
3. Die Kinder legen ihre Cent-Stücke in den Zitronensaft.
4. Die Schüssel wird mit dem Tuch abgedeckt und bis zur nächsten Experimentierstunde in dem Karton weggestellt. Fragen an die Kinder: „Was glaubt ihr, wird passieren?", „Wie werden die Münzen in der nächsten Experimentierstunde aussehen?"
5. In der nächsten Stunde lässt die Erzieherin die Kinder zuerst darüber spekulieren, was mit den Münzen denn nun passiert sein wird.
6. Dann nimmt sie das Tuch vom Karton weg und die Münzen aus dem Zitronensaft heraus. Sie hält eine Münze hoch.
   Die Kinder stellen fest: Die Münzen glänzen und sehen aus wie neu.

Zur Erklärung:

Die Säure im Zitronensaft hat den dunklen Belag auf den Münzen entfernt. Deshalb glänzen sie jetzt wie neu.

Ideen zur Vertiefung des Lerninhaltes

- **Zitronenübung: Zitronen spüren**
  Die Kinder stehen im Kreis und die Erzieherin spricht langsam zu ihnen: „Stellt euch vor, ihr habt in jeder Hand eine halbe Zitrone. Wie fühlt sich die Zitrone an? Riecht einmal daran. Schmeckt die Zitrone. Drückt eure Zitronenhälfte jetzt ganz fest in der Hand zusammen und zählt rückwärts von fünf bis eins: 5 – 4 – 3 – 2 – 1! Lasst los und werft die Zitronenhälften in Gedanken in den Mülleimer. Schüttelt eure Hände aus und wascht sie in der Fantasie unter fließendem Wasser."

Zusammenfassung:

- Die Zitrone kann schwimmen, da in der weißen Schicht der Zitronenschale viel Luft ist.
- Die Zitronen sind sehr unterschiedlich – außen und innen.
- Ein Zitronen-U-Boot kann durch Druck auf das Wasser in der Flasche tauchen und bei nachlassendem Druck wieder aufsteigen.
- Die dunklen Münzen werden durch den Zitronensaft wieder glänzend.

II. Einheit: Zitronensaft – ein Superheld

Mit Hilfe der folgenden Experimente erfahren die Kinder, was der Zitronensaft alles kann. Sie beobachten, dass der Zitronensaft eine Geheimtinte ist, wie Rotkohl mit Zitronensaft ganz rot wird und dass sich Eierschalen im Zitronensaft auflösen.

Experimente dieser Einheit:

Ist der Kohl ein Chamäleon?
Geheimschrift
Eierschalen im Zitronensaft

Einstieg in die Einheit:

Lied für kleine Forscher (s. S. 5)

Mögliche Fragen an die Kinder:

- Wo wachsen Zitronen?
- Was ist gelb wie eine Zitrone?
- An welche Zitronenexperimente vom letzten Mal erinnert ihr euch noch?

1. Experiment: Ist der Kohl ein Chamäleon?

ab 4 Jahren

Material:

1 Rotkohl, 1 großes Gemüsemesser, 1 kleines Küchenmesser, 1 Schneidebrett, 1 Teller, 1 Topf, 1 Sieb, etwas Wasser, 2 Gläser, 1 Zitrone, evtl. 1 Herd, ggf. eine Zitronenpresse

Experimentieranleitung:

1. Die Erzieherin zeigt den Kohlkopf und fragt die Kinder, ob sie dieses Gemüse kennen. Sie erklärt ihnen daraufhin, dass dieser Rotkohl auch Blaukraut genannt wird, weil er manchmal eher rötlich-violett und manchmal eher blau ist. Die Farbe ist von der jeweiligen Erde abhängig, in der er wächst.
2. Der Rotkohl wird halbiert und die eine Hälfte in feine, dünne Streifen geschnitten und auf den Teller gelegt. Die Kinder dürfen probieren.
3. Weitere feine Streifen werden in einen Topf gelegt. Es wird ein wenig Wasser darübergegossen, der Topf wird auf die Seite gestellt und, wenn möglich, kurz aufgekocht. Es geht aber auch kalt.
4. Nach etwa 20 bis 30 Minuten können sich die Kinder den Saft wieder ansehen und werden feststellen: Das Wasser ist jetzt violett.
5. Die Erzieherin gießt den Topfinhalt durch ein Sieb in ein Glas. Die Flüssigkeit im Glas ist violett.
6. Die Zitrone wird halbiert und ausgepresst. Der Zitronensaft wird in einem Glaus aufgefangen. Dann wird ein wenig Zitronensaft in die Flüssigkeit gegeben. Die Kinder stellen fest: Der violette Saft wird rot.

Zur Erklärung:

Die Säure des Zitronensaftes färbt das Kohlwasser rot. Der Rotkohl(-saft) ist ein sogenannter Indikator, ein Anzeiger. Ist eine Flüssigkeit sauer, färbt er sich rot; ist sie basisch (z. B. Backpulver in Wasser) färbt er sich blau. Weitere Informationen dazu finden Sie auf Seite 34.

Ideen zur Vertiefung des Lerninhaltes

- **Reim: Saure Zitronen (s. S. 8)**
  Der Zitronenreim kann hier erneut aufgesagt werden, damit sich die Kinder dazu bewegen können.

- **Spiel: Rote und blaue Dinge**
  Die Kinder nennen verschiedene Dinge, die rot oder blau sind.

- **Zitronenübung: Zitronen spüren (s. S. 10)**
  Die Kinder wiederholen noch einmal die Zitronenübung.

2. Experiment: Geheimschrift

ab 5 Jahren

Material:
je 1 Bogen weißes Papier und 1 Wattestäbchen für alle Kinder, Zitronensaft, kleine Teller oder Becher, 1 Buntstift, 1 Bügeleisen

Experimentieranleitung:

1. Vorab werden Zitronen ausgepresst. Die Erzieherin verteilt die Teller oder Becher an die Kinder und gießt Zitronensaft darauf bzw. hinein.
2. Jedes Kind erhält ein weißes Blatt Papier und ein Wattestäbchen. Dann tauchen die Kinder ihre Wattestäbchen in den Zitronensaft und schreiben oder malen etwas auf das Papier, zum Beispiel ihren Namen, eine Blume, eine Zitrone oder etwas anderes.
3. Die gemalten Bilder werden mit einem Buntstift mit Namen versehen und zur Seite gelegt. Nun müssen die Kinder warten, bis der Zitronensaft auf den Blättern getrocknet ist.
4. Wenn die Kinder sich dann wieder ihre Bilder nehmen, stellen sie fest: Die Blätter sind trocken und wieder weiß. Sie können nicht mehr sehen, was sie gemalt oder geschrieben haben.
   Frage an die Kinder: „Was glaubt ihr, kann ich diese Geheimschrift oder die geheime Malerei wieder sichtbar machen?"
5. Jetzt bügelt die Erzieherin die weißen Blätter mit einem heißen Bügeleisen. Die Kinder stellen fest: Die Zeichnungen werden wieder sichtbar.

Zur Erklärung:
Im Zitronensaft ist Zucker und der wird braun, sobald er heiß wird. Deshalb wird die Schrift beim Bügeln braun und wieder lesbar. Wenn eure Eltern weißen Zucker in eine Pfanne geben und auf dem Herd heiß werden lassen, wird er ebenfalls braun, weil er dann karamellisiert.

Ideen zur Vertiefung des Lerninhaltes

- **Reim: Geheimschrift**

  Geheim, geheim,
  alles ist geheim.
  Wir malen nicht mit Tinte,
  wir malen mit dem Saft.
  Geheim, geheim,
  alles ist geheim.

  Bewegung zum Reim:
  Die Kinder schleichen leise im Raum herum und legen einen Finger an den Mund. Dann bleiben sie stehen und schreiben abwechselnd ein „Z" auf den Rücken eines anderen Kindes. Hiernach malen sie Zitronen in die Luft. Dann schleichen sie wieder ganz leise und legen einen Finger an den Mund.

- **Spiel: Wörter finden**
  Die Kinder nennen Lebensmittel, Tiere oder andere Wörter, die mit „Z" beginnen wie die Zitrone, zum Beispiel: Zucker, Ziege, Zebra, Zelt …

3. Experiment: Eierschalen im Zitronensaft (1)

Material (für 8 Kinder):
4 kleine Schüsseln, 1 große Schüssel, 4 gekochte Eier, 4 halbe Zitronen, 1 Karton, 1 Tuch

Experimentieranleitung:

1. Die Erzieherin gibt jeweils zwei Kindern ein gekochtes Ei und lässt sie die Schale abpellen. Die Kinder geben die Eierschalenstücke in die große Schüssel.
2. Die Zitronen werden ausgedrückt und der Saft jeweils in einer kleinen Schüssel gesammelt.
3. Die Kinder gießen den Zitronensaft über die Eierschalenstücke und stellen fest, dass kleine Bläschen aufsteigen.
4. Die Schüssel mit dem Zitronensaft und den Eierschalen wird in den Karton gestellt und mit einem Tuch bis zur nächsten Experimentierstunde zugedeckt. Nun fragt die Erzieherin die Kinder: „Was wird passieren, wenn wir ein paar Tage warten?“
5. In der nächsten Stunde fragt die Erzieherin die Kinder zu Beginn: „Was, meint ihr, ist mit den Eierschalen im Zitronensaft passiert?“
6. Nachdem die Kinder ihre Ideen geäußert haben, nimmt die Erzieherin das Tuch vom Karton ab.
   Die Kinder stellen fest: Der Zitronensaft ist zu einer weißen Flüssigkeit geworden. Der Kalk der Schale hat sich im Zitronensaft aufgelöst. Dabei ist das Gas Kohlendioxid entstanden und es haben sich kleine Bläschen gebildet.
   Die Erzieherin fordert die Kinder daraufhin auf: „Atmet jetzt tief ein und dann wieder aus.“
   Sie erklärt ihnen: „Auch ihr atmet Kohlendioxid aus – ihr könnt es nur nicht sehen, da es genau wie die Luft, die ihr einatmet, unsichtbar ist.“

Zur Erklärung:
Der saure Zitronensaft löst den Kalk der Schale und macht ihn weiß. Dabei entsteht das Gas Kohlendioxid und bildet kleine Bläschen. Kohlendioxid ist ein unsichtbares Gas, das zum Beispiel in Mineralwasser (Sprudel) ist und das wir ausatmen.

BVK KI102 • Ursula Oppolzer: Warum schwimmt eine Zitrone? Experimente für Kita-Kinder

3. Experiment: Eierschalen im Zitronensaft (2)

Ideen zur Vertiefung des Lerninhaltes

• **Lied: Tolle Zitronen**

2. Die Schale, die Schale vom Ei ist aus Kalk.
   Der Saft kann sie lösen und wird dann mal weiß.
   Zitrone, Zitrone, du hast tollen Saft.
   Der Saft, der kann malen ja wirklich geheim.

3. Zitronen mit Schale, die schwimmen wie Wale.
   Zitrone, Zitrone, einmalig bist du,
   Die Schale, die Schale, die speichert die Luft.
   Die Luft lässt dich schwimmen, im Wasser umher.

• **Reim: Zitronen und Eier**

Zitronen, die sind sauer,
Eierschalen sind aus Kalk.
Zitronen, die sind sauer,
und der Saft ein blasser Schalk.

Zusammenfassung:

- Zitronensaft ist sauer und färbt daher das violette Kohlwasser rot.
- Im Zitronensaft ist Zucker, der bei Hitze braun wird. Deshalb werden die Geheimschrift und die geheime Malerei sichtbar.
- Der Zitronensaft löst den Kalk der Eierschalen.
- Es bilden sich kleine Bläschen, da Kohlendioxid frei wird. Durch den gelösten Kalk der Schale entsteht weißer Zitronensaft.
- Die Säure im Zitronensaft lässt die Münzen glänzen.

III. Einheit: Ei, Ei, Eierlei

Mit Hilfe dieser Experimente werden den Kindern Informationen zum Hühnerei nähergebracht. So lernen sie hier die Bestandteile des Eies kennen, beobachten den Unterschied von rohen und gekochten Eiern und erkennen, wie dünn und zerbrechlich, aber gleichzeitig stark, die Eierschalen sind.

Experimente dieser Einheit:

Fallende Eier
Drehtest
Schütteltest
Belastungstest der Eierschalen

Einstieg in die Einheit:

Lied für kleine Forscher (S. 5)

Mögliche Fragen an die Kinder:

- An was erinnert ihr euch noch aus unserer letzten Experimentierstunde?
- Was haben wir mit den Eierschalen gemacht?
- Wo kommt das Ei her?
- Was wisst ihr über Eier?
- Wann habt ihr schon einmal Eier gesucht?

1. Experiment: Fallende Eier (1)

ab 5 Jahren

Material:
1 rohes Ei, 1 hartgekochtes Ei, 2 große Teller,
1 Küchenmesser, 1 Teelöffel, 1 Schneidebrett

Experimentieranleitung:

1. Auf dem Tisch steht ein Teller. Die Erzieherin hält ein rohes Ei hoch und sagt zu den Kindern: „Ich lasse dieses Ei auf den Teller fallen. Was wird passieren?"
2. Die Erzieherin lässt das Ei von etwa 40 – 50 cm Höhe auf den Teller fallen. Frage an die kleinen Forscher: „Was seht ihr auf dem Teller? Schaut genau hin."
   Die Kinder stellen fest: Die Eierschale ist zerbrochen. Rund um das Eigelb ist das Eiweiß. Das Eiweiß und das Eigelb sind leicht nach oben gewölbt.
3. Die Erzieherin nimmt dann ein gekochtes Ei in die Hand, hält es hoch und fragt: „Was passiert, wenn ich dieses Ei fallen lasse?"
4. Dann lässt sie auch dieses Ei aus 40 – 50 cm Höhe auf den zweiten Teller fallen.
5. Die Kinder stellen fest: Das Ei zerbricht nicht – nur die Schale ist etwas angeknackst.
   Frage an die Kinder: „Warum zerbricht dieses Ei nicht so wie das erste Ei?" Antwort der Kinder: „Weil dieses Ei hartgekocht wurde."
6. Danach wird das Ei gepellt, sodass die Kinder sehen können, wie dünn die Eierschale ist. Außerdem wird ihnen gezeigt, dass innen noch eine weiße Eihaut vorhanden ist.
7. Die Erzieherin zeigt daraufhin das gekochte Ei ohne Schale und lässt es vorsichtig rumgehen. Jedes Kind darf das Ei einmal in den Händen halten, um seine Konsistenz wahrnehmen zu können. Die Kinder sollen berichten, wie sich das Ei anfühlt und wie es aussieht.
8. Dann fragt die Erzieherin, wo denn das Eigelb ist. Die Antwort darauf sollte sein: „Das Eigelb ist innen drin."
9. Das Ei wird in zwei Hälften geschnitten und das Eigelb vorsichtig herausgeholt und wieder zusammengesetzt. Die Kinder stellen fest: Das Eigelb im gekochten Ei ist eine Kugel.

Zur Erklärung:
Bei einem frischen Ei wölben sich das Eigelb und das Eiweiß, welches das Eigelb umgibt, leicht nach oben. Daran kann man erkennen, ob ein rohes Spiegelei frisch ist oder nicht.
Wenn das gekochte Ei aufschlägt, wird die Schale nur angeknackst, da das Ei durch den festen Inhalt viel stabiler geworden ist.

1. Experiment: Fallende Eier (2)

ab 3 Jahren

Ideen zur Vertiefung des Lerninhaltes

- **Lied: Ein Ei, das hat drei Sachen**

- **1. Strophe Reim „Das Ei“ mit Bewegung (s. S. 30)**

2. Experiment: Drehtest

ab 3 Jahren

Mögliche Fragen zu Beginn des Experiments:

An was erinnert ihr euch aus der letzten Experimentierstunde?
Wie kann festgestellt werden, ob ein Ei roh oder gekocht ist?
Wahrscheinlich antworten die Kinder dann, dass eine Möglichkeit ist, das Ei auf einen Teller fallen zu lassen und zu sehen, ob das Ei zerbricht oder nur die Schale anknackst.
Was denkt ihr, wie wir dies noch herausfinden können?

Material:

1 rohes Ei, 1 hartgekochtes Ei

Experimentieranleitung:

1. Die Erzieherin legt beide Eier auf einen Tisch.
2. Dann dreht ein Kind erst das ungekochte Ei, sodass die Kinder sehen können, wie das Ei „eiert“.
3. Danach dreht ein Kind das gekochte Ei, damit die Kinder sehen können, dass sich dieses Ei gleichmäßig dreht.
   Frage an die Kinder: „Was fällt euch auf? Was denkt ihr, warum das so ist?“
   Die Kinder stellen fest: Ein Ei dreht sich gleichmäßig, das andere Ei „eiert“.

Zur Erklärung:

Bei dem gekochten Ei sind Eiweiß und Eigelb fest, deshalb dreht sich das Ei gleichmäßig. Bei dem rohen Ei schwimmt das Eigelb im Eiweiß und es gibt eine kleine Luftblase im Ei, daher bewegt sich der Inhalt beim Drehen hin und her, sodass das Ei „eiert“.

3. Experiment: Schütteltest

ab 3 Jahren

Material:
1 rohes Ei, 1 hartgekochtes Ei

Experimentieranleitung:
Die Erzieherin hält ein rohes Ei an das linke Ohr und ein gekochtes Ei an das rechte Ohr und schüttelt die Eier. Sie sagt zu den Kindern: „Pst! Am linken Ohr höre ich etwas. Was kann das sein?“
Anschließend können die Kinder nacheinander zuerst das rohe Ei und dann das gekochte Ei an ihre Ohren halten und vorsichtig schütteln.
Die Kinder werden feststellen, dass sie ein schwappendes Geräusch hören, wenn sie das rohe Ei am Ohr schütteln.

Zur Erklärung:
Bei dem rohen Ei schwimmt das Eigelb im Eiweiß und es gibt eine kleine Luftblase im Ei, daher bewegt sich der Inhalt beim Schütteln hin und her. Dadurch entsteht ein leises, schwappendes Geräusch. Beim gekochten Ei sind Eiweiß und Eigelb fest. Sie können sich also nicht bewegen.

Ideen zur Vertiefung des Lerninhaltes

- **2. Strophe Reim „Das Ei“ mit Bewegung** **(s. S. 30)**

- **Lied: Rohe Eier eiern**

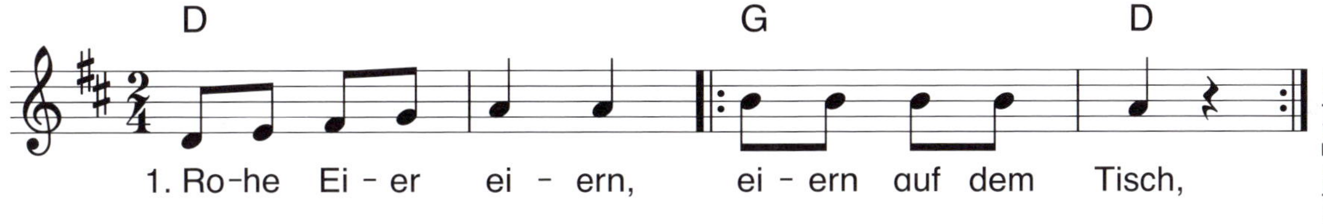

Melodie: Alle meine Entchen
Text: Ursula Oppolzer

2. Harte Eier rollen
   auf dem Tisch herum,
   auf dem Tisch herum.
   Harte Eier sind stumm,
   hält man sie ans Ohr.

4. Experiment: Belastungstest der Eierschalen

ab 5 Jahren

Material:
2 gekochte Eier, 1 scharfes Messer (am besten mit Zacken), 1 Schneidebrett, 1 Eierlöffel, 1 kleine Schüssel, 1 dünnes Buch, weitere Bücher

Experimentieranleitung:

1. Die Eier werden mit dem Messer so halbiert, dass vier gleich große Hälften entstehen. Der Inhalt wird vorsichtig herausgelöffelt und in die Schüssel gefüllt.
2. Die vier halben Eierschalen werden dann so gelegt, dass eine Art Quadrat entsteht.
3. Nun hält die Erzieherin ein dünnes Buch hoch. Sie fragt die Kinder: „Die Eierschalen sind sehr dünn. Was denkt ihr, kann ich dieses Buch auf die Eierschalenhälften legen, ohne dass sie zerbrechen?" Vorsichtig legt sie dann das erste Buch auf die Eierschalen.
4. Die Kinder werden feststellen, dass die Schalen halten.
5. Die Kinder nehmen weitere Bücher. Ein zweites und ein drittes Buch werden vorsichtig auf das erste Buch gelegt. Je nachdem wie schwer die Bücher sind, können drei oder mehr Bücher aufgelegt werden, bevor die Schalen zerbrechen.

Zur Erklärung:
Die Eierschalen sind zwar dünn, aber sehr stark, weil sie aus Kalk bestehen – ganz ähnlich wie Knochen und Zähne.

Ideen zur Vertiefung des Lerninhaltes

- **3. Strophe Reim „Das Ei" mit Bewegung (s. S. 30)**

- **Spiel: Eierlaufen**

  Material:
  Kreppband oder 2 Seile, für jedes Kind: 1 gekochtes Ei, 1 Esslöffel

  Spielanleitung:
  Jedes Kind bekommt einen Esslöffel und ein gekochtes Ei.
  Mit dem Kreppband oder den Seilen werden Start- und Ziellinie markiert.
  Je zwei Kinder treten gegeneinander an. Sie stellen sich nebeneinander an der Startlinie auf und halten den Löffel mit ihrem Ei darauf fest. Auf ein Signal hin laufen sie los.
  Wer sein Ei auf dem Löffel als Erster in das Ziel bringt, gewinnt den Wettlauf.

Zusammenfassung:

- Im Ei befinden sich: Eigelb, Eiweiß (Eiklar), Hagelschnüre und eine kleine Luftkammer.
- Bei frischen Eiern sind Eigelb und Eiweiß leicht gewölbt und das Eiweiß glibberig.
- Bei alten Eiern ist das Eigelb flach und das Eiweiß flüssig.
- Die Schale besteht aus Kalk, der durch Zitronensaft (oder Essig) aufgelöst werden kann. Dabei entsteht das Gas Kohlendioxid und der Zitronensaft wird weiß.
- Rohe Eier „eiern", wenn man sie auf einer Platte dreht. Gekochte Eier bewegen sich gleichmäßig.
- Rohe Eier machen beim Schütteln ein Geräusch, gekochte Eier bleiben stumm.

Arbeitsblatt zur Wiederholung des Inhalts

ab 6 Jahren

Die Erzieherin liest die Sätze vor und die Kinder ordnen die Sätze den entsprechenden Bildern zu.

Bücher werden auf die Eierschalenhälften gelegt, um zu testen, was sie aushalten.
Das ist das runde Eigelb.
Das ist das Eiweiß.
Das sind die Eierschalen.
Das ist ein Ei.
Das Eigelb im gekochten Ei ist eine Kugel.
Vier Eierschalenhälften bilden ein Viereck. Die Eierschalen sind sehr dünn.

IV. Einheit: Wann schwimmt das Ei?

Durch die folgenden Experimente erhalten die Kinder weitere Informationen über das Hühnerei. Sie lernen zum Beispiel, wann ein Ei frisch oder alt ist und woran sie dies erkennen können. Sie werden sehen, dass Salzwasser frische Eier schwimmen lässt. Außerdem erfahren sie, wie es dazu kommt, dass ein Ei in eine Flasche hineinrutschen kann. Darüber hinaus können sie Kressepflanzen beim Wachsen in Eierschalen beobachten.

Experimente dieser Einheit:

Frischetest
Wassertest
Ein Ei verschwindet in der Flasche
Eiermännchen und Eierfräulein

Einstieg in die Einheit:

Lied für kleine Forscher (s. S. 5)

Mögliche Fragen an die Kinder:

- Wie kann man Eier essen?
- Wozu verwenden eure Eltern Eier in der Küche?
- An was erinnert ihr euch aus den letzten Experimentierstunden?
- Was habt ihr über Eier erfahren?

1. Experiment: Frischetest

ab 4 Jahren

Material:

2 flache Teller, 1 frisches Ei, 1 altes Ei

Experimentieranleitung:

1. Zwei flache Teller stehen nebeneinander auf dem Tisch. Ein frisches Ei wird auf einem Teller aufgeschlagen und auf dem anderen Teller das alte Ei.
2. Die Kinder werden feststellen: Beim frischen Ei wölbt sich das Eigelb und drumherum ist ein dickflüssiger und glibberiger Eiweißring, der leicht nach oben gewölbt ist. Bei einem alten Ei ist das Eiweiß flüssig und das Eigelb ist flach.

Zur Erklärung:

Ein altes Ei verliert durch die Schale immer mehr an Wasser und die kleine Luftkammer im Innern wird größer. Deshalb kann das Ei dann auch schwimmen. Stoffe (Enzyme) im Eiweiß lassen das Eiklar bei einem alten Ei dünnflüssiger werden. Beim Eigelb ist es ähnlich wie bei der menschlichen Haut, die beim Kind straff und gespannt ist, während sie mit zunehmendem Alter an Spannkraft verliert. Das Eigelb verliert an Innendruck und wird flacher.

2. Experiment: Wassertest

ab 4 Jahren

Material:
3 Gläser mit Wasser (halbvoll), 1 frisches Ei, 1 etwas älteres Ei, 1 sehr altes Ei, 1 Löffel

Experimentieranleitung:

1. In das erste Glas wird mit dem Löffel ein sehr frisches Ei gelegt.
2. Das sehr alte Ei wird in das mittlere Glas gelegt.
3. In das dritte Glas kommt das etwas ältere Ei.
4. Die Kinder beobachten die Eier und stellen fest:
   Das frische Ei bleibt am Boden des Glases liegen.
   Das etwas ältere Ei schwimmt im Wasser.
   Denn je älter das Ei ist, desto eher zeigt die Spitze des Eies nach oben. Das sehr alte Ei schwimmt demnach im Wasser ganz oben.

Zur Erklärung:
Mit der Zeit dringt immer mehr Luft durch die Eierschale in das Ei hinein.
Die Luftblase im Ei wird also immer größer, sodass das Ei schließlich schwimmen kann.

Ideen zur Vertiefung des Lerninhaltes

- **Reim: Frisches Ei**
  Das Ei ist frisch, das Ei ist frisch.
  Frisch kommt es auf den Tisch.
  Ein altes Ei will schwimmen,
  das wird wohl immer stimmen.

3. Experiment: Ein Ei verschwindet in der Flasche

ab 5 Jahren

Material:

1 durchsichtige Glasflasche mit einer Öffnung von 3–3,5 cm Durchmesser (z. B. Sahne- oder Milchflasche), 1 gepelltes weichgekochtes Ei, heißes Wasser, Topflappen, 1 Schüssel mit eiskaltem Wasser (evtl. mit Eiswürfeln), evtl. 1 Stoppuhr

Experimentieranleitung:

1. Die Erzieherin hält eine leere, verschlossene Glasflasche in die Luft, um sie den Kindern zu zeigen.
   Sie fragt die Kinder: „Es sieht so aus, als wäre diese Glasflasche leer. Ist sie das wirklich?“ Wenn die Kinder nicht die richtige Antwort finden, erklärt die Erzieherin ihnen, dass Luft in der Flasche ist.
2. Die Glasflasche wird bis zum Rand mit heißem Wasser befüllt. Nach ca. 30 Sekunden wird das heiße Wasser wieder ausgegossen. **Aber Vorsicht:** Heiß! Bitte die Topflappen verwenden.
3. Danach wird das Ei mit der Spitze nach unten auf die Öffnung gelegt.
4. Die Flasche mit dem Ei wird dann in die Schüssel mit kaltem Wasser gestellt.
   Die Kinder stellen fest: Nach kurzer Zeit rutscht das Ei in die Flasche.

Zur Erklärung:

In der leeren Flasche befindet sich Luft, das heißt, es sind viele kleine Luftteilchen in der Flasche. Wenn es warm ist, dann „tanzen“ diese Luftteilchen. Dafür brauchen sie Platz. Je wärmer es wird, desto mehr verteilen sie sich in der Flasche.
Wenn es aber kalt ist, rücken die Luftteilchen immer näher zusammen. Ist es eiskalt, sind sie ganz eng aneinander und brauchen nur sehr wenig Platz.
Bei unserem Experiment wurde die Flasche erwärmt und somit auch die Luft in der Flasche. Die Luftteilchen haben sich also in der Flasche verteilt. Als die Luft dann langsam wieder abgekühlt war, sind die Luftteilchen immer näher zusammengerückt, sodass sie viel weniger Platz brauchten. In diesen frei gewordenen Platz wurde dann das Ei hineingezogen und durch die Luft von außen in die Flasche gedrückt.

Ideen zur Vertiefung des Lerninhaltes

- **Reim: Ein Ei verschwindet**

  Die Luft ist heiß und tanzt herum.
  Sie braucht viel Platz dideldum.
  Ein Ei sitzt auf der Flasche
  und nicht in einer Tasche.
  Die Luft wird kalt und friert,
  und ist ganz irritiert.
  Sie macht sich klein im Nu.
  Das Ei rutscht schnell hinzu.

4. Experiment: Eiermännchen und Eierfräulein (1)

ab 3 Jahren

Material:
für jedes Kind: gekochte Eier, Filzstifte, Messer, Eierlöffel
außerdem: Kressesamen, Watte, Wasser, 1 kleine Gießkanne

Experimentieranleitung:

1. Die Kinder malen mit Filzstiften auf jedes Ei ein Gesicht.
2. Die Erzieherin hilft den Kindern, die Eier zu köpfen und auszulöffeln. Sie sollten darauf achten, dass die Schale ganz bleibt.
3. Die Watte wird mit dem Wasser stark angefeuchtet.
4. Nun werden die leeren Eier mit der nassen Watte befüllt und Kressesamen daraufgegeben.
5. Innerhalb der nächsten Tage wird immer wieder geprüft, ob die Watte noch feucht genug ist, und ggf. wird etwas Wasser auf die Watte gegossen.
   Die Kinder werden feststellen: Aus den Samen werden kleine Kressepflanzen wachsen, welche die Haare des Eiermännchens bzw. Eierfräuleins bilden.

Frage an die Kinder: „Wofür verwendet man Kresse?“
Die Erzieherin erklärt oder ergänzt: „Kresse gehört zu den Küchenkräutern und kommt zum Beispiel in Salate, auf Brote mit Streichkäse o. Ä. Manchmal werden Speisen mit Kresse auch einfach nur dekoriert.“

Zur Erklärung:
Jedes Samenkorn braucht neben dem Sauerstoff aus der Luft Licht, Wasser und Nährstoffe, damit eine neue Pflanze aus dem Samenkorn wachsen kann. Da die Kressepflanzen sehr klein sind, bekommen sie durch das Wasser alle Nährstoffe, die sie brauchen.

4. Experiment: Eiermännchen und Eierfräulein (2)

Ideen zur Vertiefung des Lerninhaltes

- **Lied: Eierlegen**
  Melodie: Mein Hut, der hat drei Ecken (Noten s. S. 18), Text: Ursula Oppolzer

Ein Huhn, das legt die Eier,
die Eier legt das Huhn.
Und legt es nicht die Eier,
dann ist es auch kein Huhn.

Bewegung zum Lied:
Die Kinder laufen herum und flattern mit den Armen. Sie gehen in die Hocke und springen wieder hoch, während sie die Arme in die Luft schwingen. Sie stolzieren mit hoch erhobenem Kopf herum und halten dabei ihre Hände so auf den Kopf, als sei es der Hahnenkamm.

- **Reim: Das kleine Huhn**

Ich bin ein kleines Huhn
und hab nicht viel zu tun.
Ich lege einfach nur die Eier
und mache eine Feier.

Bewegung zum Reim:
Die Kinder laufen in der Hocke und setzen sich dann hin. Sie schwingen die Arme dreimal hoch in die Luft, springen dann auf und hüpfen und tanzen herum.

Zusammenfassung:

- Ein Ei ist frisch, wenn beim Aufschlagen das Eiweiß nicht flüssig, sondern dickflüssig und glibberig ist. Das Eigelb ist dann nicht flach, sondern gewölbt.
- Ein Ei ist frisch, wenn es im Wasserglas am Boden liegen bleibt. Je älter es ist, desto mehr richtet sich die Spitze nach oben und das Ei schwimmt.
- Ein gekochtes Ei wird von der Luft außen in eine erwärmte Flasche gedrückt, wenn die Luft in der Flasche wieder kälter wird und sich zusammenzieht.
- Kresse gehört zu den Küchenkräutern und braucht zum Wachsen nur Wasser, Watte und Licht.

V. Einheit: Ach, du dickes Ei

Durch die nun folgenden Experimente erfahren die Kinder, dass ein Ei nicht zerbricht, wenn es mit Strohhalmen umwickelt und fallen gelassen wird. Sie lernen, dass auch frische Eier im Salzwasser schwimmen können und dass sich die Kalkschale des Eies durch Essig auflöst. Außerdem erfahren sie, wie ein Ei ohne Schale im Wasser zu einem Riesenei wird.

Experimente dieser Einheit:

Der Eierfall
Schwimmendes Ei
Ei im Essig
Das Riesenei

Einstieg in die Einheit:

Lied für kleine Forscher (s. S. 5)

Mögliche Fragen an die Kinder:

- Was meint ihr, könnt ihr pantomimisch zeigen, an welche Experimente aus der letzten Stunde ihr euch erinnert?
- Glaubt ihr, wir können Eier aus einer großen Höhe fallen lassen, ohne dass sie kaputt gehen?
- Können wir bei einem ungekochten Ei die Schale entfernen, aber das Ei bleibt trotzdem ganz?
- Wie könnten wir ein Ei größer werden lassen?

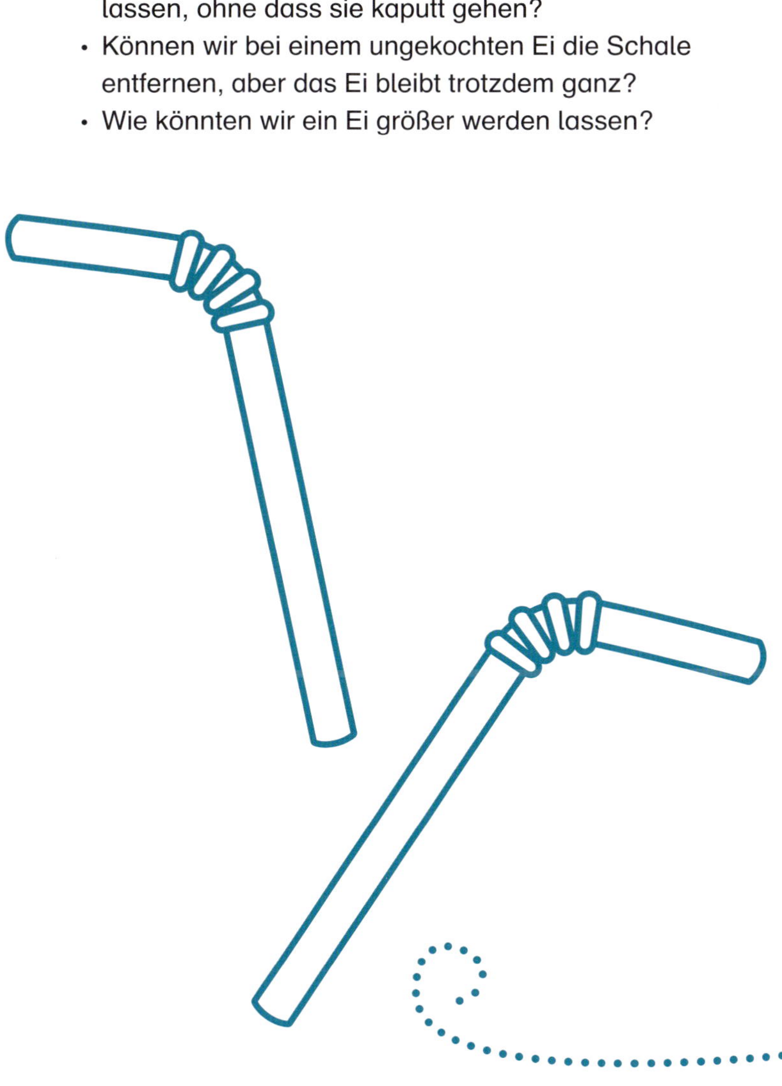

1. Experiment: Der Eierfall

ab 5 Jahren

Material:
2 gekochte Eier, knickbare Strohhalme, Klebefilm, evtl. 1 Stuhl

Experimentieranleitung:

1. Die Erzieherin hält ein Ei in die Höhe und fragt die Kinder: „Was wird passieren, wenn ich dieses Ei von hier oben fallen lasse?“
   Vermutlich werden die Kinder antworten, dass die Schale zerbrechen oder anknacksen wird.
2. Daraufhin lässt die Erzieherin oder ein Kind auf einem Stuhl ein gekochtes Ei aus der Höhe fallen. Die Kinder werden also bestätigt.
3. Das zweite gekochte Ei wird nun dick mit Strohhalmen und Klebefilm umwickelt.
4. Die Erzieherin fragt wieder: „Was wird jetzt passieren, wenn dieses Ei von hier oben auf den Boden fällt?“
5. Die Erzieherin oder ein zweites Kind lässt das eingewickelte Ei aus etwa 50 cm Höhe fallen.
   Die Strohhalme werden vorsichtig abgewickelt.
   Die Kinder stellen fest: Diese Eierschale ist ganz geblieben.

Zur Erklärung:
Die Schale des eingewickelten Eies zerbricht nicht, weil sich in und zwischen den Strohhalmen Luft befindet, die wie ein Polster wirkt.

2. Experiment: Schwimmendes Ei

ab 5 Jahren

Material:
2 frische rohe Eier, 2 Gläser, warmes Wasser, Salz, 1 Esslöffel

Experimentieranleitung:

1. Die Erzieherin fragt die Kinder, ob ein frisches rohes Ei schwimmen kann.
   Wenn die Kinder bereits das Experiment „Wassertest“ (S. 23) gemacht haben, werden sie vermutlich antworten, dass das Ei am Boden liegen bleibt.
2. Daraufhin wird ein Ei in das erste Glas gelegt. Es wird möglichst warmes Wasser in das Glas hineingegossen bis das Ei bedeckt ist.
   Die Kinder werden sehen: Das frische Ei bleibt wie erwartet auf dem Boden liegen.
3. In ein zweites Glas mit warmem Wasser wird nun ein Esslöffel Salz hinzugefügt und umgerührt.
4. Dann wird ein zweites Ei in dieses Salzwasser hineingelegt.
   Die Kinder stellen fest: Das Ei hebt sich ein wenig.
5. Es wird noch ein Esslöffel Salz hinzugefügt und vorsichtig umgerührt.
   Die Kinder stellen jetzt fest: Bei weiterer Zugabe von Salz beginnt das Ei im Salzwasser zu schwimmen.

Zur Erklärung:
Da das Wasser durch das Salz schwerer wird, kann ein Gegenstand nicht so gut eintauchen und schließlich nicht mehr untergehen. Wenn das salzhaltige Wasser im Glas schwerer ist als das Ei, schwimmt dieses oben im Wasser. Das Tote Meer ist so salzhaltig, dass Menschen auf dem Wasser liegen können.

3. Experiment: Ei im Essig (1)

ab 5Jahren

Material:
2 rohe Eier, 2 Gläser, 1 Flasche klarer Essig, 1 Flasche Leitungswasser, 1 Karton, 1 Tuch

Experimentieranleitung:

1. Auf dem Tisch stehen zwei Gläser, die Flasche Essig und die Flasche mit Leitungswasser. Ebenso liegen die beiden Eier auf dem Tisch. Die Erzieherin erklärt den Kindern, was sich in den Flaschen befindet. Die Kinder dürfen an den Flaschen riechen.
2. Ein Ei wird vorsichtig in ein Glas gelegt und Essig darübergegossen, bis das Ei bedeckt ist.
3. In dem zweiten Glas wird das andere Ei mit Leitungswasser übergossen.
4. Die Kinder werden angeleitet, sich die beiden Eier in den Gläsern genau anzuschauen. Was ist beim Essigglas anders?
   Die Kinder stellen fest: Am Ei im Essigglas steigen Blasen auf.
5. Nun werden die beiden Gläser in den Karton gestellt. Der Karton wird mit einem Tuch abgedeckt und bis zum nächsten Tag in ein Regal oder auf einen Schrank gestellt.
6. Am nächsten Tag nimmt die Erzieherin das Tuch vom Karton und stellt die beiden Gläser mit den Eiern wieder in die Mitte des Tisches.
   Die Kinder stellen fest: Das Ei im Wasser hat sich nicht verändert. Bei dem Ei im Essigglas hat sich jedoch die Eierschale aufgelöst und auf der Essigoberfläche Schaum gebildet.
7. Das Ei wird vorsichtig gewaschen, damit die weiße Eihaut deutlich sichtbar wird.
   Die Erzieherin geht mit dem Ei herum und die Kinder können die Eihaut vorsichtig anfassen.

Zur Erklärung:
Die Eierschale besteht aus Kalk. Essig ist eine Säure. Wenn Kalk und Essig zusammenkommen, löst die Essigsäure den Kalk in der Schale auf. Dadurch bilden sich kleine Blasen und das Gas Kohlendioxid entsteht. Kohlendioxid kommt oft in der Natur vor. Wenn Lebewesen zum Beispiel atmen, dann atmen sie Luft mit Sauerstoff ein, atmen aber Kohlendioxid aus.
Der Schaum besteht aus Rückständen des Kalkes.

3. Experiment: Ei im Essig (2)

Idee zur Vertiefung des Lerninhaltes

- **Reim: Das Ei**

	Bewegung zum Eierreim:
1. Strophe: Das Ei, das Ei, das legt das Huhn. Es hat nicht viel zu tun. Das Ei ist roh, das ist mal so.	Die Kinder gehen in die Hocke und flattern mit den Armen. Die Kinder stehen auf und zeigen mit der linken Hand auf ein imaginäres rohes Ei am Boden.
2. Strophe: Ist es gekocht, dann ist es heiß. Innen gelb und außen weiß. Ein Ei, das eiert, das ist roh, das ist mal so.	Danach nehmen sie mit der rechten Hand ein imaginäres gekochtes Ei. Sie lassen das gekochte Ei fallen, weil es „heiß“ ist. Die Kinder strecken die linke Hand zur Decke, drehen sich um die eigene Achse und torkeln weiter.
3. Strophe: Ein gekochtes Ei am Ohr ist stumm und hat gar keinen Mumm. Ein Ei, das „spricht“, ist roh, das ist mal so.	Die Kinder laufen auf Zehenspitzen, strecken die Arme hoch in die Luft und fangen mit jeder Hand ein Fantasie-Ei. Sie halten nacheinander die Eier an das rechte bzw. linke Ohr und schütteln sie. Beim gekochten Ei werden die Lippen zusammengepresst und ein Finger wird vor den Mund gehalten. Dann strecken die Kinder die Hände nach vorn und klappen die Hände auf und zu als würde ein Mund sprechen.
4. Strophe: Das Ei ist dünn, die Schale ist stark. Sie hält viel aus, an jedem Tag.	Die Kinder bleiben stehen, bücken sich, heben ein schweres Fantasie-Buch vom Boden auf und strecken die Hände so nach oben, als würden sie das dicke Buch auf etwas ablegen.
5. Strophe: Die Schale mag den Essig nicht, Der Essig löst sie auf, der Wicht. Ein Ei, das eiert, das ist roh, das ist mal so.	Die Kinder laufen im Kreis und strecken die Hände mehrfach nach vorn, als würden sie etwas abwehren. Dann drehen sie sich um die eigene Achse und legen sich auf den Boden. Die Kinder stehen auf, laufen im Kreis, strecken die linke Hand zur Decke, drehen sich wieder um die eigene Achse und torkeln.

4. Experiment: Das Riesenei (1)

ab 5 Jahren

Dieses Experiment schließt an das 3. Experiment: „Ei im Essig“ (s. S. 29) an.

Material:
1 Glas mit Wasser, das Ei ohne Schale aus dem vorherigen Experiment,
1 Karton, 1 Tuch, 1 Ei mit Schale

Experimentieranleitung:

1. Das Ei ohne Kalkschale, das nun nur noch von der weißen dünnen Eihaut zusammengehalten wird, wird vorsichtig in ein Glas mit Wasser gelegt.
2. Die Erzieherin stellt das Glas in den Karton und deckt diesen bis zur nächsten Experimentierstunde mit einem Tuch ab.
3. In der nächsten Stunde wird das Tuch von dem Karton genommen und das Glas auf den Tisch gestellt. Dieses „Gummiei“ wird vorsichtig herausgenommen und neben ein Ei mit Schale gelegt.
4. Die Kinder werden staunen, denn das Ei ist zu einem Riesenei geworden.

Zur Erklärung:
Die dünne weiße Eihaut hat winzig kleine Löcher, durch die zwar das Wasser hineinkommen, das Eiweiß aber nicht herauslaufen kann. Das Wasser, das also in das Ei hineinläuft, macht das Ei so groß und dick.

Ideen zur Vertiefung des Lerninhaltes

- **Leckere Eier-Fliegenpilze herstellen**

Material:
je Kind 1 gekochtes Ei, je Kind 1 große Tomate,
1 Tube Mayonnaise, 1 Küchenmesser, 1 Schneidebrett,
Teelöffel, kleine Teller, 1 Bild von einem Fliegenpilz

Arbeitsanleitung:

1. Auf dem Tisch liegt ein Bild von einem Fliegenpilz. Die Erzieherin fragt die Kinder, ob sie diesen Pilz kennen und erklärt ihnen ggf., dass er giftig ist.
2. Jedes Kind bekommt nun ein Ei, das es pellen darf.
3. Wenn ein Ei nicht gut stehen kann, nimmt die Erzieherin ein Messer und schneidet es unten gerade.
4. Dann schneidet sie die Tomaten so, dass Hauben entstehen.
5. Die Kinder höhlen die Tomaten mit einem Teelöffel aus und setzen sie oben auf die Eier.
6. Die Erzieherin hält eine Mayonnaisentube hoch und zeigt dann, wie man kleine Punkte auf die Tomatenhauben setzen kann. Die Kinder probieren es ebenfalls aus.

4. Experiment: Das Riesenei (2)

Ideen zur Vertiefung des Lerninhaltes

• **Lied: Das Eierlied**

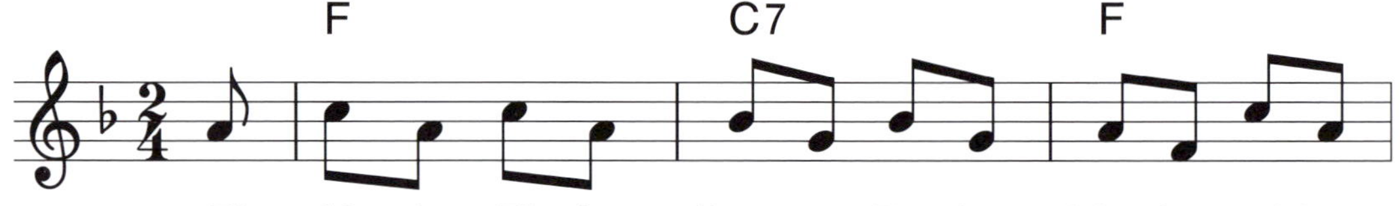

Melodie: Ein Vogel wollte Hochzeit machen
Text: Ursula Oppolzer

2. Ein altes Ei, das schwimmt doch richtig,
   hier im vollen Wasserglas.
   Fiderallala, fiderallala, fiderallalalala.

3. Ein Ei, das hat 'ne dünne Schale
   und ist trotzdem superstark.
   Fiderallala, fiderallala, fiderallalalala.

4. Ein Ei, das eiert und ist ganz laut
   das ist ro-oh, so, so, so, so.
   Fiderallala, fiderallala, fiderallalalala.

5. Ein Ei, das rollt und ist auch leis,
   ist hartgekocht um jeden Preis.
   Fiderallala, fiderallala, fiderallalalala.

6. Die Schale löst der Essig im Nu,
   das Ei, das hat nackte Haut.
   Fiderallala, fiderallala, fiderallalalala.

7. Das nackte Ei im Wasser sehr wächst,
   das ist ja nun wie verhext.
   Fiderallala, fiderallala, fiderallalalala.

Zusammenfassung:

- Ein Ei, das mit Strohhalmen umwickelt wird, zerbricht nicht, wenn es fällt, weil es durch die Luft in den Strohhalmen geschützt wird.
- Ein frisches Ei schwimmt, wenn es in Salzwasser gelegt wird.
- Die Eierschalen aus Kalk lösen sich im Essig auf und das Gas Kohlendioxid wird freigesetzt.
- Legt man ein rohes Ei, dessen Schale zuvor im Essigwasser aufgelöst wurde, in ein Glas mit Wasser, dann nimmt es Wasser auf und wird größer.

VI. Einheit: Gemüseallerlei

Durch diese Experimente vertiefen die Kinder ihr zuvor gewonnenes Wissen darüber, wovon es abhängt, dass Rotkohl mehr rot oder mehr blau ist.
Die Kinder beobachten, dass auch bereits geerntete Gemüse noch grüne Blätter bekommen und Erbsen aus dem Glas purzeln und „kichern" können.

Experimente dieser Einheit:

Warum ist Rotkohl rot oder blau?
Grünendes Gemüse
Können Erbsen kichern?

Einstieg in die Einheit:

Lied für kleine Forscher (s. S. 5)

Mögliche Fragen an die Kinder:

- Welche Gemüsesorten kennt ihr?
- Habt ihr schon einmal Gemüse angepflanzt?
- Welches Gemüse mögt ihr am liebsten?
- Welches mögt ihr überhaupt nicht?
- Kennt ihr Geschichten, Märchen oder Lieder, in denen Gemüse vorkommt?

1. Experiment: Warum ist Rotkohl rot oder blau? (1) ab 5 Jahren

Material:

1 Rotkohl, 1 großes Gemüsemesser, 1 Schneidebrett, Essig oder Zitronensaft, 1 Teller, 1 Topf, 1 Sieb, Wasser, 3 durchsichtige Gläser, 1 Päckchen Backpulver, 1 Teelöffel

Experimentieranleitung:

1. Die Erzieherin zeigt den Kohlkopf und erklärt oder wiederholt, dass er in einigen Regionen Rotkohl und in anderen Blaukraut genannt wird, weil dieser Kohl manchmal eher rot-violett und manchmal eher blau ist. Die Farbe ist von der jeweiligen Erde abhängig, in der der Kohl wächst. Das hat damit zu tun, wie „sauer" der Boden ist.
2. Der Rotkohl wird halbiert und die eine Hälfte in feine dünne Streifen geschnitten. Die Streifen werden auf den Teller gelegt und die Kinder dürfen probieren.
3. Weitere feine Streifen werden in einen Topf gelegt. Kochendes oder kaltes Wasser wird darübergegossen und der Topf zur Seite gestellt.
4. Nach etwa 20 bis 30 Minuten können sich die Kinder den Saft wieder ansehen und werden feststellen: Das Wasser ist jetzt violett.
5. Die Erzieherin gießt den Topfinhalt durch ein Sieb in die drei Gläser.
6. In das zweite Glas wird ein wenig Essig oder Zitronensaft geschüttet. Die Kinder stellen fest: Der violette Saft wird rot.
7. Nun wird ein Teelöffel Backpulver in das dritte Glas gegeben und alles wird umgerührt.
   Die Kinder stellen fest: Der violette Saft wird jetzt blau-violett.

Zur Erklärung:

Wenn Essig oder Zitronensaft in das Wasser geschüttet wird, wird das Wasser sauer, das heißt der pH-Wert steigt und das Kohlwasser färbt sich dadurch rot. Wird Backpulver in das Wasser gegeben, sinkt der pH-Wert und das Kohlwasser färbt sich blau. Rotkohl ist ein Indikator, also ein Anzeiger. Rotkohl zeigt an, ob eine Flüssigkeit sauer oder basisch ist. Genauso ist es bei Kohl, wenn er in der Erde wächst. Wenn die Erde nicht sauer ist, wird der Kohl blau. Ist sie sauer, wächst ein rot-violetter Kohl. Da die Erde in manchen Gebieten Deutschlands sauer und in anderen Gebieten nicht sauer ist, wächst auch der Kohl mal mehr und mal weniger rot-violett bzw. blau.
Wie hoch der pH-Wert der Erde ist, hängt von ihrer Zusammensetzung ab.
Wenn Sie mehr darüber erfahren möchten, schauen Sie zum Beispiel hier: *www.boden-fachzentrum.de/bodenqualitaet/boden-naehrstoffe/bodennaehrstoff-ph-wert* [Stand: 30.06.2019].

1. Experiment: Warum ist Rotkohl rot oder blau? (2)

Ideen zur Vertiefung des Lerninhaltes

• Spiel: Gemüseecke

Material:
farbige Straßenmalkreide

Spielanleitung:
Auf den Boden werden zwei große Kreise in verschiedenen Farben gezeichnet oder zwei Ecken bestimmt. Der eine Kreis / Die eine Ecke steht zum Beispiel für grünes Gemüse oder Kohlgemüse und der andere Kreis / die andere Ecke für gelbes Gemüse oder Stangengemüse (wie Porree) o. Ä.
Die Kinder verteilen sich im Raum.
Die Erzieherin nennt dann ein passendes Gemüse und die Kinder rennen in den entsprechenden Kreis / in die entsprechende Ecke.

• Lied: Kohllied

Melodie: Grün, grün, grün sind alle meine Kleider
Text: Ursula Oppolzer

2. Blau, blau, blau ist das Blaukraut immerzu.
Blau, blau, blau ist Kohl mit Backpulver.
Darum ess ich alles, was so blau ist,
weil mein Kohl so lecker ist.

2. Experiment: Grünendes Gemüse (1)

ab 4 Jahren

Material:
2 Karotten, 2 Kohlrabi, 2 Radieschen, 1 Gemüseschäler, 1 Gemüsemesser, 1 Schneidebrett, 1 Küchenrolle, 1 flacher Teller, Wasser

Experimentieranleitung:

1. Die Erzieherin fragt die Kinder zum Einstieg: „Welche Gemüsesorten sind grün?“, „Welche Gemüsesorten sind nicht grün, haben aber grüne Blätter?“
2. Nach der Antwort der Kinder zeigt sie ihnen eine Karotte, ein Radieschen und einen Kohlrabi (wenn möglich mit den grünen Blättern) und fragt weiter, wie diese Gemüsesorten heißen.
3. Jeweils die Hälfte des Gemüses wird geschält, in Stücke geschnitten und die Stückchen an die Kinder verteilt. Jetzt dürfen alle probieren.
4. Die Erzieherin nimmt einige Papiertücher einer Küchenrolle, legt sie auf einen flachen Teller und gießt vorsichtig überall ein wenig Wasser darauf, damit die Tücher feucht, aber nicht zu nass werden.
5. Die Erzieherin schneidet von dem zweiten Kohlrabi, der zweiten Karotte und dem zweiten Radieschen die oberen Teile ab – Blätter ggf. entfernen – und legt sie mit dieser Stelle auf die feuchten Papiertücher.
6. Frage an die Kinder: „Was wird passieren, wenn wir diesen Teller an das Fenster stellen und ein paar Tage abwarten?“
7. Jeden Tag muss der kleine „Gemüsegarten“ ein wenig gegossen werden. Die Papiertücher dürfen nicht austrocknen.
   Nach ein paar Tagen stellen die Kinder fest: Es sind kleine grüne Blätter gewachsen.

Zur Erklärung:
Im oberen Teil dieser Gemüsesorten sind sehr viele Nährstoffe enthalten. Es können zwar keine neuen Wurzeln und keine großen Blätter wachsen, aber kleine Blätter wachsen hier durch die Nährstoffe sehr gut.

2. Experiment: Grünendes Gemüse (2)

Ideen zur Vertiefung des Lerninhaltes

- **Reim: Wir lieben Gemüse!**
  Gemüse, Gemüse, wir lieben dich.
  Du machst uns stark, dich und mich!
  Kohlrabi, Radieschen und Karotte
  sind für unsere Lotte.
  Radieschen, Karotte und Kohlrabi
  sind für unseren Ali.

- **Lied: Wer will die Gemüseesser seh'n?**

Melodie: Wer will fleißige Handwerker seh'n
Text: Ursula Oppolzer

- **Spiel: Gemüseecke** **(s. S. 35)**
  Das Gemüse soll nun darin unterschieden werden, ob der essbare Teil oberhalb des Bodens wächst oder wie beim Wurzelgemüse unterhalb der Erdoberfläche.
  Vor dem Spiel sollte besprochen werden, welche Gemüsesorten in der Erde und welche oberhalb wachsen.

3. Experiment: Können Erbsen kichern?

ab 4 Jahren

Material:
1 Packung getrocknete Erbsen, 1 Glas, 1 großer Teller, Wasser, Papierblätter, Buntstifte

Experimentieranleitung:

1. Die Erzieherin leitet das Experiment ein, indem sie die Kinder fragt, woher sie Erbsen kennen.
   Dies könnte zum Beispiel sein: vom Mittagessen, aus Märchen oder vom Instrumente basteln. Sie fragt sie, wie sie Erbsen am liebsten mögen, zum Beispiel mit Möhren, im Auflauf o. Ä.
2. Alle gehen zu dem Tisch, auf dem das Glas, der Teller und die Erbsen stehen.
3. Das Glas wird auf den Teller gestellt, mit Erbsen bis zum Rand gefüllt und so viel Wasser wie möglich hineingegossen.
4. Dann müssen die Kinder eine Weile warten. In der Zwischenzeit können sie Erbsen- oder Gemüsebilder malen.
5. Nach kurzer Zeit springen dann Erbsen aus dem Glas heraus auf den Teller und machen Geräusche, sie „kichern“.

Zur Erklärung:
Die Erbsen saugen Wasser auf und werden größer – sie quellen auf. Da für die größeren Erbsen nun nicht mehr genug Platz im Glas ist, hüpfen viele heraus und „kichern“!

Ideen zur Vertiefung des Lerninhaltes

- **Lied: Gemüselied**

  Melodie: Grün, grün, grün sind alle meine Kleider
  (Noten s. „Kohllied“, S. 35)

  Grün, grün, grün sind alle leckren Erbsen.
  Grün, grün, grün ist alles, was ich mag.
  Darum ess' ich alles, was so grün ist,
  weil die Erbsen Gemüse sind.

  Tipp: Dieses Gemüselied kann mit allen Gemüsesorten gesungen werden, die zweisilbig sind, wie zum Beispiel Bohnen, Linsen, Gurken, Möhren …

- **Spiel: Gemüse von A – Z**

  Spielanleitung:
  Alle Kinder stehen im Kreis. Nacheinander nennt jedes Kind ein Gemüse. Fängt das Gemüse zum Beispiel mit „A“ an, zeigen alle Kinder ganz schnell auf einen Körperteil, der mit demselben Buchstaben beginnt (z. B. „Arm“). Beispiele: R wie Rotkohl = Rücken, E wie Erbse = Ellenbogen, K wie Kohlrabi = Kinn. Bei Buchstaben, für die es kein Körperteil gibt, wird in die Hände geklatscht. Wer auf ein falsches Körperteil zeigt, gibt ein Pfand ab oder setzt sich hin, darf aber spätestens nach zwei Runden wieder mitmachen.
  (Körperteile von A – Z: Arm, Bein, Daumen, Ellenbogen, Fuß, Hals, Kopf, Mund, Nase, Ohr, Popo, Rücken, Stirn, Taille, Unterarm, Wange, Zunge)

Zusammenfassung:

- Rotkohl färbt Wasser violett.
- Rotkohl ist ein Indikator und zeigt an, ob eine Flüssigkeit sauer oder basisch ist. Bei Essig (sauer) wird die Flüssigkeit rot. Bei Backpulver (basisch) wird die Flüssigkeit blau.
- Bei Gemüseköpfen auf feuchtem Papier wachsen neue grüne Blättchen.
- Erbsen nehmen Wasser auf. Sie quellen, d. h., sie werden größer und hüpfen aus dem Glas.

Arbeitsblatt zur Wiederholung des Inhalts

ab 6 Jahren

Die Erzieherin liest die Sätze vor und die Kinder ordnen die Sätze den entsprechenden Bildern zu.

Das ist ein Rotkohl.

Wenn Rotkohl gekocht wird, wird das Wasser violett.

Wird Essig in das violette Rotkohl-Wasser gegeben, wird das Wasser rot.

Kommt Backpulver in das Rotkohl-Wasser, dann wird das Wasser blau-violett.

Das ist eine Karotte.

So sieht ein Kohlrabi aus.

Hier ist ein Radieschen.

Forscher-Urkunde

....

hat bei allen Experimenten begeistert und sehr interessiert zugeschaut, mitgemacht und ausprobiert.

Herzlichen Glückwunsch!